NATIONAL GEOGRAPHIC

Peldaños

VIVIR JUNTO AL AGUA

Comunidades en las que vivimos

2 **Salva un río** *Narrativa*
por Becky Manfredini

10 **Prepararse para el impacto** *Artículo de Estudios Sociales*
por Mattie Jaffe

16 **Una ciudad junto al agua** *Artículo de opinión*
por Mattie Jaffe y Ann Wildman

24 **Comenta**

SALVA UN RÍO

por Becky Manfredini

> Jon Waterman ingresa en la cabecera del río Colorado. Él está en el Parque Nacional de las Montañas Rocosas en Colorado.

Jon Waterman y Pete McBride son escritores y fotógrafos. Un día del año 2008, cargaron sus balsas para un viaje largo por el río Colorado. Los hombres deslizaron sus balsas en el río entre las montañas de Colorado. Estaban en la **cabecera**, o el comienzo, del río. Jon y Pete sabían que en granjas y comunidades se usaba mucha agua del río. Querían ver por sí mismos cómo afectaba eso al río y a quienes dependían de su agua.

Jon pasaría 150 días remando para recorrer 1,450 millas. Pete se reuniría con Jon en partes del recorrido. Juntos, explorarían los rápidos de aguas bravas y aguas tranquilas. Pero Pete también quería ver el río desde arriba, así que tomó fotos desde un avión.

Jon y Pete vieron muchos tipos de tierras en su viaje. Vieron la brillante ciudad de Las Vegas. Vieron los acantilados altos del Gran Cañón y los desiertos llanos de México. Pero la tierra no era lo único que cambiaba a lo largo del río Colorado, el río mismo cambiaba.

Jon Waterman viaja por el mundo. Escribe sobre las maneras en las que las personas protegen nuestro planeta.

Pete McBride usa una cámara especial cuando toma fotos desde una balsa. Sus cámaras están selladas para que no pueda filtrarse el agua dentro de ellas.

3

EL PODEROSO
RÍO COLORADO

Durante seis millones de años, el río Colorado fluyó rápidamente por el oeste de los Estados Unidos y México. Plantas y peces llenaban sus aguas. Pero a medida que la población crecía en el Sudoeste, más personas comenzaron a usar el agua del río. En la actualidad, más de 30 millones de personas dependen del río Colorado. Lo usan para beber, ducharse y otros motivos. Sin embargo, la mayor parte del agua del río se usa en las granjas, donde se bombea el agua para cultivar alimentos en granjas tan distantes como en California.

Jon echa un vistazo a ríos más pequeños que desembocan en el río Colorado. Este es el río Hardy.

En su viaje en el año 2008, Jon y Pete observaron que el nivel del agua del río estaba disminuyendo. De hecho, el río Colorado ha descendido su nivel aproximadamente 130 pies desde el año 2000. Eso significa que fluye menos agua que antes. En la actualidad, a los científicos les preocupa que las sequías y el tiempo caluroso hagan que aún menos agua fluya por este río. Las sequías son momentos de lluvia escasa o nula. Muchas personas dependen del agua del río Colorado. ¿Habrá suficiente agua en el río si continúan las sequías?

EL RÍO COLORADO

UN RÍO QUE DESAPARECE

Jon y Pete remaron río abajo por el río Colorado. Dentro del país de México, el agua antiguamente transparente se convierte en lodo. El lodo era tan denso que sus balsas quedaron atascadas. Los hombres tuvieron que empujar con sus remos para sacar las balsas.

Los hombres se preguntaban si el lodo llegaría hasta el **delta** del río. Un delta es terreno que se acumula a partir de tierra suelta que el río arrastra hasta el mar. Hasta el año 1998, el río Colorado fluía hasta el golfo de California. Fluía a través de un delta cubierto de hierba antes de desembocar en el golfo. Ese delta estaba lleno de aves coloridas y otro tipo de fauna. En la actualidad tiene menos del 10 por ciento de su tamaño original. Eso se

debe a que el río Colorado está contaminado y ya no fluye hasta el golfo de California. El lodo ha reemplazado la hierba y el agua que fluía. Los animales que solían vivir aquí se han ido a otros lugares.

Jon y Pete tuvieron que detener su balsa antes de llegar al golfo. El río se secaba y desaparecía. Llevaron su balsa a cuestas. Mientras observaban el entorno, no podían evitar preocuparse. Más de 300,000 aves se detienen a lo largo del delta del río cada año. Descansan aquí camino a lugares más cálidos. Pero si no se limpia el delta del río, las aves no tendrán un lugar saludable para descansar en el futuro.

En México, el agua antiguamente transparente del río Colorado es ahora lodosa y está llena de basura.

QUÉ PUEDEN HACER LAS COMUNIDADES

Una razón por la que Jon y Pete hicieron este viaje fue para demostrar la importancia que tiene el río Colorado para los animales. Los hombres quieren **conservar**, o proteger, el río. Las personas pueden conservar el río usando menos agua para cultivar alimentos, regar jardines y mantener limpio el río. Las plantas y los animales no perderán su hogar. Jon y Pete escriben libros y hacen películas. Le piden a las personas que salven el río Colorado.

El viaje de los hombres por el río Colorado también nos enseña la importancia que tienen los ríos para las personas. Los ríos pueden llevar **agua dulce** a las granjas, los pueblos y las ciudades. El agua dulce contiene poca sal y es útil para cultivar alimentos, beber y lavar. Debemos asegurarnos de que siempre haya abundante agua dulce.

> Jon lleva sus pertenencias a cuestas. Camina a través de un terreno seco, donde el río Colorado solía fluir, para llegar a un lugar donde el río todavía fluye.

CONSERVA EL AGUA DULCE DE NUESTRO PLANETA

Conserva el agua en casa. Limita el uso del agua del grifo para ducharte y lavarte los dientes. Usa plantas en tu jardín que no necesiten mucha agua. Y solo riega tu jardín al comienzo o al final del día.

Recoge la basura alrededor de ríos y lagos. El agua contaminada daña a los animales. El agua contaminada no puede usarse en las comunidades.

Apaga las luces cuando no estén en uso. En las centrales eléctricas se usa agua para producir electricidad. Si usas menos electricidad, las centrales eléctricas producirán menos electricidad y usarán menos agua.

Come menos carne. En las granjas se usa el agua para cultivar alimentos que consumen los animales que se crían como alimento. Los animales también necesitan beber agua. Si comes menos carne, se criarán menos animales como alimento. Se necesitará menos agua para criarlos.

Compruébalo Explica qué le sucede al agua en el río Colorado. ¿Por qué debe salvarse el río?

Prepararse para el

ERA LA TARDE DEL 15 DE ENERO DE 2009

Los 155 pasajeros y tripulantes a bordo del vuelo 1549 de U.S. Airways se ajustaron el cinturón de seguridad. A las 3:25 p. m., el avión despegó del aeropuerto LaGuardia de Nueva York. Se dirigía a Charlotte, Carolina del Norte.

Menos de dos minutos después de que el avión despegara, el pasajero Eric Stevenson miró por la ventanilla junto a su asiento en el avión. Observó una bandada de gansos que volaba junto al avión. Segundos después, oyó unos golpes secos estruendosos y olió algo que se quemaba.

Al mando del avión estaba el capitán Chesley "Sully" Sullenberger y el copiloto Jeff Skiles. Sabían que el avión había volado a través de una bandada de gansos canadienses. Algunas de las aves habían sido absorbidas por las turbinas, y el avión había perdido potencia.

∨ Los pasajeros se abren camino sobre las alas del avión. Esperan que los rescaten del medio del río Hudson, en Nueva York.

IMPACTO

por Mattie Jaffe

Skiles intentó volver a encender las turbinas, pero nada funcionó. No había tiempo de volver al aeropuerto. El capitán Sullenberger tendría que hacer un aterrizaje de emergencia. Pero, ¿dónde? Luego vio un espacio ancho y abierto debajo de ellos. Era el río Hudson. Amerizar allí sería peligroso, pero era su única opción.

El capitán Sullenberger hizo un anuncio tranquilo en el altavoz. Dijo: "Prepárense para el impacto". Los pasajeros se prepararon. Se inclinaron hacia adelante y pusieron los pies en el piso.

El capitán Sullenberger se enamoró de volar y de los aviones cuando era niño. Más tarde, se convirtió en piloto de la Fuerza Aérea de los Estados Unidos. Como piloto, Sully siempre pone la seguridad ante todo. También enseñaba cómo pilotar aviones de manera segura. Después del suceso del río Hudson, Sully comenzó a trabajar con las Jóvenes Águilas, un grupo que enseña a los niños sobre los aviones.

Menos de seis minutos después del despegue, el enorme avión cayó al río Hudson en Nueva York.

Sully era un piloto experimentado. Sabía cómo dejar caer el avión lentamente sobre el agua. No quería que el avión se volcara cuando tocara el agua. Tampoco quería hacerlo demasiado lento y chocar el avión con la punta. Sully amerizó el avión de manera perfecta. El razonamiento rápido de Sully y su tripulación salvaron a todos los que iban a bordo del avión.

∧ Rescatistas se ponen equipos de buzos para poder sumergirse en el agua helada.

∧ Bomberos lanzan una cuerda a los pasajeros. La cuerda se usa para asegurar la balsa.

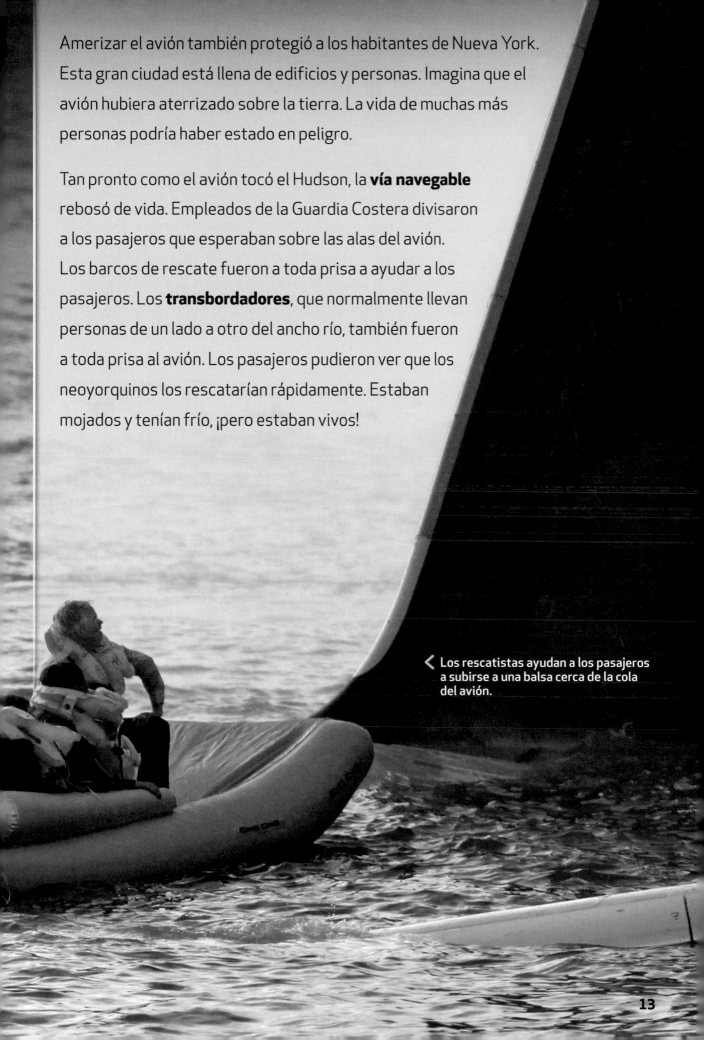

Amerizar el avión también protegió a los habitantes de Nueva York. Esta gran ciudad está llena de edificios y personas. Imagina que el avión hubiera aterrizado sobre la tierra. La vida de muchas más personas podría haber estado en peligro.

Tan pronto como el avión tocó el Hudson, la **vía navegable** rebosó de vida. Empleados de la Guardia Costera divisaron a los pasajeros que esperaban sobre las alas del avión. Los barcos de rescate fueron a toda prisa a ayudar a los pasajeros. Los **transbordadores**, que normalmente llevan personas de un lado a otro del ancho río, también fueron a toda prisa al avión. Los pasajeros pudieron ver que los neoyorquinos los rescatarían rápidamente. Estaban mojados y tenían frío, ¡pero estaban vivos!

< Los rescatistas ayudan a los pasajeros a subirse a una balsa cerca de la cola del avión.

Se llevó a los pasajeros del avión a bordo de barcos de rescate. Los rescatistas les dieron ropa abrigada. Los barcos llevaron a los pasajeros del avión a la costa.

Luego la gente en tierra se acercó a ayudar. Los restaurantes les dieron la bienvenida a los pasajeros hambrientos. Enfermeros y doctores en hospitales locales cuidaron de los pasajeros que se habían lastimado.

Muchos tipos de barcos ayudan en el rescate.

Los neoyorquinos colaboraron y mostraron su preocupación por los pasajeros del vuelo 1549.

Las personas consideraron que el capitán Sullenberger había actuado como un héroe. Sin embargo, Sully elogió a su tripulación: "Me puso muy contento que todos los que participaron hicieron su trabajo extraordinariamente bien".

Compruébalo ¿Qué hizo que el avión cayera?

Una ciudad

por Mattie Jaffe y Ann Wildman

Solo llámame "NOLA". Escucha y percibirás el alegre sonido de una trompeta que interpreta una melodía. Inhala y huele el estofado de gombo fresco. Observa un barco de río de 100 años que salpica agua en el río Mississippi. Estás en Nueva Orleans, Luisiana, o "NOLA", como se llama a esta ciudad sobre el agua.

Nueva Orleans está casi completamente rodeada por el agua. La ciudad se encuentra junto al río Mississippi. Varios lagos y el golfo de México también están cerca. Nueva Orleans ha sido un **puerto** importante desde el siglo XVIII. Un puerto es un lugar sobre el agua donde los barcos cargan y descargan mercancías. Alrededor de 6,000 barcos viajan por el río Mississippi cada año.

junto al agua

∧ Una vista de Nueva Orleans a través del río Mississippi

Traen cajas de mercancías hasta y desde Nueva Orleans. Este transporte les da trabajo a muchas personas.

Cuando no están trabajando, los habitantes de Nueva Orleans se divierten junto al agua. Los veranos en Nueva Orleans pueden ser muy calurosos y con mucha humedad. Los huracanes, grandes tormentas con vientos fuertes, a veces amenazan a la ciudad durante el otoño. ¡Nueva Orleans puede ser un lugar tempestuoso para vivir!

∧ El barrio francés es un vecindario muy antiguo de Nueva Orleans. Se lo conoce por sus edificios históricos.

Una ciudad tempestuosa

En agosto del año 2005, los meteorólogos registraron que un huracán se formaba en el golfo de México. ¿Azotaría Nueva Orleans? El 29 de agosto, así fue. La fuerza del huracán llamado Katrina tomó a mucha gente por sorpresa. En horas, los carros parecían submarinos bajo la inundación que aumentaba. Los árboles estaban aplastados. Las casas estaban destruidas. Mucha gente no tenía electricidad.

¿Qué produjo todo este daño? Vientos fuertes de hasta 170 millas por hora hicieron que el agua subiera su nivel. Finalmente, el agua rebasó los muros del **dique**. Los diques se construyeron alrededor de Nueva Orleans para protegerla de las inundaciones. Todos sabían que una inundación podía azotar la baja Nueva Orleans, pero creyeron que los diques ayudarían. Desafortunadamente, Katrina fue demasiado poderoso.

> El huracán Katrina hizo que el 80 por ciento de Nueva Orleans se inundara.

Una vez que la tormenta pasó, la ayuda iba en camino. La Cruz Roja Estadounidense, un grupo que ayuda a las personas necesitadas, brindó alimento y lugares seguros para alojarse. Trabajadores voluntarios les dieron ropa y alimentos a las familias. Otros colaboradores construyeron casas seguras para las personas cuyos hogares fueron destruidos por el huracán Katrina.

Tomó muchos años, pero Nueva Orleans volvió a convertirse en una ciudad próspera. Los visitantes pronto regresaron a disfrutar de las cosas que hacen que Nueva Orleans sea especial. Los diques también se reforzaron. Se espera que los diques mantengan a salvo a Nueva Orleans la próxima vez que la azote una tormenta.

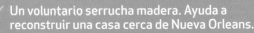

△ El huracán Katrina fue el huracán más grande que azotó a los Estados Unidos.

▽ Un voluntario serrucha madera. Ayuda a reconstruir una casa cerca de Nueva Orleans.

En el *bayou*

Cuando no hay tormentas, los habitantes de Nueva Orleans pasan el tiempo al aire libre. A veces visitan los *bayou*. Los *bayou* son arroyos pantanosos que fluyen lentamente. Hay muchos de ellos cerca de Nueva Orleans.

¿Te gustaría ver a los animales y las plantas del *bayou*? ¡Inscríbete en un paseo por el pantano! Puedes subirte a un barco para dar un paseo tranquilo y sereno. O puedes ir en un barco especial llamado aerobote. Los aerobotes son barcos pequeños con un gran ventilador en la parte trasera. El ventilador lanza una ráfaga de aire para impulsar el barco a través del río.

∧ Los *bayou* cerca de Nueva Orleans albergan a muchos caimanes.

∨ En otoño, algunos de los árboles del *bayou* se ponen anaranjados.

Mantén los ojos abiertos. Observarás hebras suaves de musgo que parecen gotear de las ramas de los árboles. Estos árboles musgosos tienen raíces fuertes que crecen juntas en forma de pared bajo el agua. Las paredes de raíces ayudan a aislar la ciudad de Nueva Orleans de las aguas de inundación.

En el *bayou*, los insectos forman enjambres como nubes densas alrededor de ti. También hay muchos animales para ver. Los caimanes viven en los *bayou*. Las garcetas también. Estas son aves zancudas grandes y bellas. Y no te pierdas a las nutrias. Se parecen un poco a los castores, pero tienen la cola larga como las ratas. Es asombroso que este entorno silvestre esté tan cerca de una ciudad grande como Nueva Orleans.

✤ Libres

Nueva Orleans es conocida por una de las fiestas más alegres del país. Se llama Mardi Gras. Esta fiesta enorme se hace antes de un feriado de ayuno largo, o dejar de comer determinados alimentos. Mardi Gras es una oportunidad para que grandes multitudes coman y se diviertan.

Algunas de las mejores partes de Mardi Gras son los desfiles. Las personas llevan disfraces elegantes y máscaras relucientes. Saltan sobre las carrozas y lanzan a la multitud obsequios como collares de plástico y monedas. Estos obsequios se llaman "lances". Los niños se visten con disfraces divertidos con la esperanza de recibir más lances. Los lances significan buena suerte.

Cualquiera puede unirse a los desfiles especiales de Mardi Gras llamados "desfiles de segunda línea". Presentan músicos que tocan **jazz**.

El jazz es un tipo especial de música. Tiene un ritmo fuerte y se usan instrumentos de viento, tambores y pianos. En un desfile de segunda línea, los sonidos de los instrumentos de viento y los tambores llaman la atención de la gente. Los espectadores del desfile pueden unirse a la diversión y bailar detrás de los músicos.

Nueva Orleans es una ciudad que está cerca del agua. Puede tener tormentas e inundaciones. Sin embargo, el jazz, la buena comida, los desfiles y la aventura en los *bayou* hacen que vivir en Nueva Orleans sea emocionante.

∧ Las personas pasan todo el año construyendo carrozas. Las carrozas están hechas de madera y yeso.

∨ Las bandas callejeras lideran a los bailarines en un desfile de segunda línea.

Compruébalo Da una razón por la que alguien querría vivir en Nueva Orleans. Da una razón por la que alguien no querría vivir allí.

Comenta

1. ¿Qué conecta los tres artículos que leíste en este libro?

2. ¿Cómo usan el agua del río las comunidades a lo largo del río Colorado? ¿De qué maneras las comunidades como la tuya pueden conservar el agua de los ríos y los lagos?

3. ¿Cómo trabajó en conjunto la comunidad de Nueva York para rescatar a los pasajeros del vuelo 1549?

4. ¿Cómo influye la ubicación de Nueva Orleans en las personas que viven allí?

5. ¿Qué más quieres saber sobre la vida junto al agua?